Sprachkurs Plus Anfänger

Türkisch

Sprachreiseführer

Lextra Sprachreiseführer
Sprachkurs Plus Türkisch

Redaktion: Renata Jakovac, Tina Thiede
Projektleitung: Rebecca Syme
Layout und technische Umsetzung: zweiband.media, Berlin
Umschlaggestaltung: Cornelsen Schulverlage Design
Umschlagfoto: JUNOPHOTO

www.lextra.de
www.cornelsen.de

Die Links zu externen Webseiten Dritter, die in diesem Lehrwerk angegeben sind, wurden vor Drucklegung sorgfältig auf ihre Aktualität geprüft. Der Verlag übernimmt keine Gewähr für die Aktualität und den Inhalt dieser Seiten oder solcher, die mit ihnen verlinkt sind.

1. Auflage, 1. Druck 2013

© 2013 Cornelsen Schulverlage, Berlin

Das Werk und seine Teile sind urheberrechtlich geschützt.
Jede Nutzung in anderen als den gesetzlich zugelassenen Fällen bedarf der vorherigen schriftlichen Einwilligung des Verlages.
Hinweis zu den §§ 46, 52a UrhG: Weder das Werk noch seine Teile dürfen ohne eine solche Einwilligung eingescannt und in ein Netzwerk eingestellt oder sonst öffentlich zugänglich gemacht werden.
Dies gilt auch für Intranets von Schulen und sonstigen Bildungseinrichtungen.

Druck: H. Heenemann, Berlin

ISBN 978-3-589-02051-5

 Inhalt gedruckt auf säurefreiem Papier aus nachhaltiger Forstwirtschaft.

Der vorliegende Sprachführer ist nicht nur ein wichtiger Bestandteil des Lextra Sprachkurses Plus Türkisch, sondern dient auch als Reisebegleiter und wurde entsprechend übersichtlich und in beiden Sprachen zusammengestellt. Es wird dabei allen wichtigen Situationen Rechnung getragen, mit denen Reisende in Türkisch konfrontiert werden.

Redewendungen Yararlı cümleler
sollen die Verständigung in wichtigen Situationen wie auch in kleineren Gesprächen des touristischen Alltages möglich machen. Hier gilt es nicht, Sätze auswendig zu lernen, sondern die Struktur der türkischen Sprache kennenzulernen und auf natürliche Art anzuwenden; ab Seite 4.

Gut zu wissen Bilmekte yarar var.
gibt Ihnen einen Überblick der Zahlen, Wochentage und Häufigkeitsangaben wie auch Hinweise zur Angabe von Uhrzeit und Datum; ab Seite 29

İyi yolculuklar!
– das wünschen Ihnen die Autoren und die Verlagsredaktion!

Nützliche Redewendungen – Yararlı cümleler

Unterkünfte suchen und buchen
Konaklama tesisi arama ve rezervasyon yaptırma

Ich brauche eine Unterkunft für zwei Nächte.	İki gece kalacak yer arıyorum.
Gibt es hier in der Nähe eine Übernachtungsmöglichkeit?	Burada yakınlarda konaklama imkanı var mı?
Ich möchte gerne in einer Frühstückspension übernachten.	Oda kahvaltı pansiyonunda konaklamak istiyorum.
Ich suche ein gutes Hotel.	İyi bir otel arıyorum.
Gibt es etwas Preiswerteres?	Daha uygun/ucuz bir yer var mı?
Haben Sie noch Zimmer frei?	Boş odanız var mı?
Wie viel kostet das Zimmer mit Frühstück?	Konaklama ve kahvaltı ne kadar? / Oda kahvaltı ne kadar?
Ist das Frühstück im Preis inbegriffen?	Kahvaltı fiyata dahil mi?
Ich möchte Halb-/Vollpension.	Yarım/Tam pansiyon istiyorum.
Ich möchte ein Einzelzimmer buchen.	Tek kişilik oda rezervasyonu yaptırmak istiyorum.
Ich möchte ein Doppelzimmer buchen.	Çift kişilik oda rezervasyonu yaptırmak istiyorum.
Ich möchte ein Zweibettzimmer buchen.	İki kişilik oda rezervasyonu yaptırmak istiyorum.
Ich möchte ein Nichtraucherzimmer.	Sigara içilmeyen oda istiyorum.
Hat das Zimmer ein eigenes Bad?	Odanın kendine ait banyosu var mı?

Ist das Hotel barrierefrei/rollstuhlgerecht?	Otel, engelliler için uygun mu? / Otel, tekerlekli sandalye kullananlar için uygun mu?
Gibt es ein Restaurant im Hotel?	Otelin restoranı var mı?
Haben die Zimmer Internetzugang?	Odalarda internet bağlantısı var mı?
Gibt es eine Garage / einen Parkplatz?	Garaj/Otopark var mı?
Wie weit ist das Hotel vom Zentrum entfernt?	Otel, merkeze ne kadar uzaklıkta?
Wir suchen einen schönen Campingplatz.	Güzel bir kamp yeri arıyoruz.

Während des Hotelaufenthaltes Otelde konaklarken

Wo ist der Frühstücksraum?	Kahvaltı salonu nerede?
Können Sie mich bitte telefonisch wecken?	Lütfen beni telefonla uyandırabilir misiniz?
Nein danke, ich möchte kein Frühstück.	Hayır, teşekkür ederim, kahvaltı istemiyorum.
Kann ich in meinem Zimmer frühstücken / um sieben frühstücken?	Kahvaltıyı odamda alabilir miyim lütfen? / Kahvaltıyı saat yedide alabilir miyim lütfen?
Ich hätte gerne Frühstück.	Kahvaltı alabilir miyim lütfen?
Wann gibt es Mittag-/Abendessen?	Öğle/Akşam yemeği saat kaçta?
Können wir noch etwas zu essen bekommen?	Yiyecek bir şey alabilir miyiz hâlâ?
Ist die Küche/Bar noch geöffnet?	Mutfak/Bar hâlâ açık mı?

Die Klimaanlage/Heizung funktioniert leider nicht.	Klima/Kalorifer maalesef çalışmıyor.
Könnte ich bitte ein anderes Zimmer haben?	Başka bir oda alabilir miyim lütfen?
Das Zimmer ist leider (sehr) laut.	Oda maalesef (çok) sesli.
Kann ich bitte noch ein Handtuch haben?	Bir tane havlu daha alabilir miyim lütfen?
Mein Fenster lässt sich nicht öffnen.	Odanın penceresi açılmıyor.
Ich würde gern etwas waschen/bügeln lassen.	Yıkattırmak/Ütülettirmek istediğim kıyafetlerim var.
Können Sie für uns Theater-/Opernkarten reservieren?	Bizim için tiyatro/opera bileti rezervasyonu yaptırabilir misiniz?
Könnte ich einen Stadtplan bekommen?	Şehir haritası alabilir miyim lütfen?
Ich möchte die Rechnung bezahlen.	Hesabı alabilir miyim lütfen?
Ich hatte keine Extras.	Ekstralarım yoktu.
Welche Kreditkarten nehmen Sie?	Sizde hangi kredi kartları geçerli?
Kann ich mit Visa-Karte bezahlen?	Visa kredi kartıyla ödeme yapabilir miyim?

Nach dem Weg fragen Yol sormak

Wie komme ich zum Bahnhof?	Gara/Tren istasyonuna nasıl gidebilirim?

Verzeihen Sie bitte, wo ist …?	Pardon, … nerede acaba?
Können Sie mir bitte den Weg nach … zeigen?	Bana …-(y)a/-(y)e nasıl gideceğimi gösterebilir misiniz lütfen?
Kann ich den Bus / die U-Bahn / einen Zug / die Straßenbahn / den ‚**dolmuş**' nehmen?	Otobüsle/Metroyla/Trenle/Tramvayla/Dolmuşla gidebilir miyim?
Wo ist die nächste Bushaltestelle?	En yakın otobüs durağı nerede?
Wo ist die nächste U-Bahnstation?	En yakın metro durağı nerede?
Muss ich umsteigen?	Aktarmalı mı?
Fährt dieser Zug nach …?	Bu tren …-(y)a/-(y)e gidiyor mu?
Wie lange dauert es?	Ne kadar sürüyor?
Kann ich dorthin zu Fuß gehen?	Oraya yürüyerek gidebilir miyim?
Wo finde ich ein Taxi?	Nerede taksi bulabilirim?
Gibt es einen Taxistand in der Nähe?	Yakınlarda taksi durağı var mı?
Wo ist die Touristeninformation?	Turizm danışma bürosu nerede?
Es ist nicht sehr weit.	Çok uzak değil.
Es ist dort drüben.	Orada. / Şurada.
Wie weit ist es bis/nach …?	… ne kadar uzaklıkta?
Es ist/liegt gegenüber vom Hotel.	Otelin karşısında.
Es ist/liegt auf der anderen Straßenseite.	Yolun karşı tarafında.
Es ist/liegt vor der Touristeninformation.	Turizm danışma bürosundan önce.

Es ist/liegt zwischen dem Bahnhof und dem Hotel.	Tren istasyonu / Gar ile otel arasında.
Es ist mitten in der Stadt.	(Tam) Şehrin ortasında.
Gehen Sie (nach) rechts/links.	Sağa/Sola gidin.
Gehen Sie geradeaus.	Doğru/Dümdüz gidin.
Folgen Sie der Straße.	Yolu takip edin.

Kommunikation İletişim

Gibt es hier in der Nähe ein Internetcafé?	Buralarda internet kafe var mı?
Wie komme ich ins Internet?	İnternete nasıl giriliyor?
Wie lautet das Internetkennwort?	İnternet şifresi ne?
Ich komme leider nicht ins Internet.	Maalesef internete bağlanamıyorum.
Wo ist die nächste Postfiliale?	En yakın postane nerede?
Wo kann ich diesen Brief aufgeben?	Bu mektubu nereden gönderebilirim?
Verkaufen Sie auch Briefmarken?	Pul da satıyor musunuz?
Wie viel kostet eine Postkarte nach Deutschland?	Almanya'ya kartpostal ne kadar?
Ich brauche eine Guthabenkarte für mein Handy.	Cep telefonuma para yükleme kartı almak istiyorum.
Ich habe hier keinen Empfang.	Burada (telefonum) çekmiyor.
Ich möchte eine Telefonkarte kaufen.	Telefon kartı almak istiyorum.
Wo kann ich telefonieren?	Nereden telefon görüşmesi yapabilirim?

Gibt es in der Nähe eine Telefonzelle?	Yakınlarda telefon kulübesi var mı?

Geldangelegenheiten Parasal konular

Wo kann ich Geld wechseln?	Nerede para bozdurabilirim?
Wie ist der Wechselkurs heute?	Bugünkü kur ne kadar?
Wie viel sind 1000 TL (Türkische Lira) in Euro?	Bin Türk lirası (TL) kaç avro yapıyor?
Ich möchte Schweizer Franken eintauschen.	İsviçre frangı bozdurmak istiyorum.
Ich brauche Scheine/Kleingeld.	Bana banknot/bozuk para lazım.
Ich möchte Reiseschecks einlösen.	Seyahat çeki bozdurmak istiyorum.
Wo ist der nächste Geldautomat?	En yakın bankamatik nerede?

Beim Einkaufen Alışverişte

Gibt es einen Buchladen/ein Souvenirgeschäft in der Nähe?	Yakınlarda kitapçı/hediyelik eşya dükkanı var mı?
Ich suche eine Apotheke.	Eczane arıyorum.
Wo ist der nächste Supermarkt / das nächste Einkaufszentrum?	En yakın süpermarket/alışveriş merkezi nerede?
Ich möchte gern Souvenirs kaufen.	Hediyelik eşya almak istiyorum.
Wo ist die Damen-/Herrenabteilung?	Bayan/Erkek reyonu nerede?
Wo ist die Lebensmittelabteilung?	Gıda reyonları nerede?

Ich suche ein Antiquitätengeschäft.	Antika eşya satan mağaza arıyorum.
Das ist mir leider zu teuer.	Bu maalesef çok pahalıymış.
Haben Sie noch andere Farben/ Größen?	Başka renkleriniz/bedenleriniz var mı?
Kann ich es anprobieren?	Deneyebilir miyim?
Wo sind die Umkleidekabinen?	Soyunma odaları nerede?
Es passt leider nicht.	Maalesef olmadı.
Wo ist die Kasse?	Kasa nerede?
Ich möchte bar / mit Kreditkarte bezahlen.	Nakit/Kredi kartı ile ödemek istiyorum.

Essen und Trinken Yeme ve içme

Wir suchen ein gutes Restaurant/Café.	İyi bir restoran/kafe arıyoruz.
Ich möchte für heute Abend einen Tisch reservieren.	Bu akşam için masa ayırtmak istiyorum.
Könnte ich bitte die Speisekarte haben?	Menüyü alabilir miyim lütfen?
Wir möchten gern etwas essen.	Bir şeyler yemek istiyoruz.
Wir möchten nur etwas trinken.	Sadece bir şeyler içmek istiyoruz.
Was können Sie empfehlen?	Ne önerebilirsiniz?
Was ist das Tagesgericht?	Günün menüsü ne?
Wir brauchen noch ein wenig Zeit.	Biraz daha zamana ihtiyacımız var.

Ja, wir würden jetzt gern bestellen.	Evet, şimdi siparişimizi vermek istiyoruz.
Ein Bier, bitte.	Bir bira lütfen.
Eine Flasche Mineralwasser, bitte.	Bir soda lütfen.
Mit/Ohne Kohlensäure.	Gazlı. / Gazsız.
Als Vorspeise möchte ich die Suppe.	Başlangıç olarak çorba istiyorum.
Als Hauptgericht möchte ich das Lammkotelett.	Ana yemek olarak kuzu pirzola istiyorum.
Was für Fisch haben Sie?	Balık çeşitleriniz hangileridir?
Welches Gemüse gibt es dazu?	Yanında hangi sebzeler var?
Ist dieses Gericht vegetarisch/vegan?	Bu yemek vejetaryen/vejan mı?
Ich würde lieber das vegetarische Gericht essen.	Ben vejetaryen menüyü tercih ediyorum.
Gibt es eine Salatbeilage dazu?	Yanında salata var mı?
Welche Salatsoßen haben Sie?	Salata soslarınız hangileridir?
Ich hätte gern ein Dessert.	Tatlı alabilir miyim lütfen?
Können wir noch etwas Brot haben?	Biraz daha ekmek alabilir miyiz lütfen?
Kann ich noch ein Glas bekommen?	Bir bardak/kadeh daha alabilir miyim?
Ich möchte nichts, danke.	Ben bir şey almıyorum, teşekkür ederim.
Kann ich bitte die Rechnung haben?	Hesabı alabilir miyim lütfen?
Ist das Trinkgeld inbegriffen?	Bahşiş dahil mi?

Kann ich bitte eine Quittung/ Kassenbon haben?	Fatura/Fiş alabilir miyim lütfen?

Kultur und Unterhaltung Kültür ve eğlence

Was gibt es im Theater/in der Oper?	Tiyatroda/Operada hangi gösteriler var?
Wo kann ich Karten für … kaufen?	… için nereden bilet alabilirim?
Gibt es noch Karten für heute Abend?	Bu akşam için biletiniz kaldı mı?
Gibt es eine Nachmittagsvorstellung?	Matineniz var mı?
Haben Sie auch billigere Karten/ Plätze?	Daha ucuz biletleriniz/yerleriniz de var mı?
Wie lange dauert die Vorstellung?	Gösteri ne kadar sürüyor?
Wann beginnt/endet die Vorstellung?	Gösteri ne zaman başlıyor/ bitiyor?
Müssen wir lange anstehen?	Bekleme süresi çok mu?
Wo finde ich die Toiletten?	Lavabolar/Tuvaletler nerede (acaba)?
Wo ist die Garderobe?	Vestiyer nerede?

Reiseauskünfte und Buchungen Seyahat bilgileri ve rezervasyonlar

Welchen Ausflug würden Sie empfehlen?	Hangi geziyi önerebilirsiniz?
Ich möchte gern einen Sitzplatz für vier Personen nach Ankara reservieren.	Ankara'ya dört kişilik yer ayırtmak istiyorum.

Gibt es eine Führung?	Rehberli tur var mı?
Gibt es eine Führung auf Deutsch?	Almanca turunuz var mı?
Wann beginnt/endet die Fahrt?	Gezi kaçta başlıyor/bitiyor?
Wann werden wir zurück sein?	Saat kaçta döneriz?
Ich möchte gern einen Ausflug nach Pamukkale buchen.	Pamukkale'ye gezi/tur rezervasyonu yaptırmak istiyorum.
Wie viel kostet der Ausflug nach …?	… gezisi/turu ne kadar?
Ist das Mittagessen im Preis inbegriffen?	Öğle yemeği fiyata dahil mi?
Haben Sie Unterlagen über die Schwarzmeerregion?	Karadeniz Bölgesi hakkında broşürleriniz var mı?
Ich möchte eine Woche bleiben.	Bir hafta kalmak istiyorum.
Ich würde gern eine Radtour machen.	Bisiklet turu yapmak istiyorum.

Mit dem Auto unterwegs Araba yolculuğu

Ich möchte ein Auto mieten.	Araba kiralamak istiyorum.
Was kostet es pro Tag/Woche?	Günlüğü/Haftalığı ne kadar?
Wo sind die Versicherungspapiere?	Sigorta belgeleri nerede?
Gibt es eine Werkstatt/Tankstelle in der Nähe?	Yakınlarda tamirhane/benzin istasyonu var mı?
Mit meinem Auto ist etwas nicht in Ordnung.	Arabamda sorun var.

Mein Wagen springt nicht an.	Arabam çalışmıyor.
Ich brauche einen Abschleppdienst.	Çekici servisi lazım.
Ich muss den Ölstand / die Luft prüfen.	Yağını/Havasını kontrol etmeliyim.
Ich brauche bleifreies Benzin.	Kurşunsuz benzin lazım.
Haben Sie eine Straßenkarte?	Sizde karayolları haritası var mı?
Wie komme ich am schnellsten nach …?	… -(y)e/-(y)a en hızlı nasıl gidebilirim?
Wie lange dauert die Fahrt nach …?	… -(y)e/-(y)a gitmek ne kadar sürüyor?

Mit Bus, ‚dolmuş' und U-Bahn unterwegs
Otobüs, dolmuş ve metro yolculuğu

Gibt es in der Nähe eine Bus-/ ‚dolmuş'-Haltestelle/U-Bahnstation?	Yakınlarda otobüs/dolmuş/metro durağı var mı?
Welche(n) Bus/U-Bahnlinie muss ich nehmen?	Hangi otobüse/metroya binmeliyim?
Wo muss ich umsteigen?	Nerede aktarma olacak?
Wo muss ich aussteigen?	Nerede/Hangi durakta inmem gerekiyor?
Wann fährt der nächste Bus nach Alanya?	Alanya'ya bir sonraki otobüs ne zaman kalkıyor?
Wo ist der Fahrkartenautomat?	Bilet otomatı nerede?
Wie viel kostet es nach …?	… ne kadar?

Ich hätte gerne eine Wochenkarte.	Haftalık bilet almak istiyorum.

Mit Bahn und Überlandbus unterwegs
Tren ve şehirler arası otobüs yolculuğu

Wie komme ich am besten nach Bodrum?	Bodrum'a en iyi şekilde nasıl gidebilirim?
Wann geht der nächste Bus nach Malatya?	Malatya'ya bir sonraki otobüs kaçta kalkıyor?
Ich möchte gegen neun Uhr fahren.	Saat dokuza doğru yola çıkmak istiyorum.
Gibt es einen früheren/späteren Bus?	Daha erken/geç otobüs var mı?
Muss ich einen Platz reservieren?	Yer ayırtmam gerekiyor mu?
Ist der Zug verspätet/pünktlich?	Tren gecikmeli mi? / Tren vaktinde mi hareket ediyor?
Von welchem Bahnsteig fährt er ab?	Tren kaçıncı perondan hareket ediyor?
Verzeihung, ist dieser Platz frei/belegt?	Pardon, burası boş/dolu mu?
Gibt es ein Zugrestaurant?	Trende yemek vagonu var mı?
Ist dieser Zug durchgehend?	Bu tren direkt mi / aktarmasız mı gidiyor?
Hält der Bus unterwegs an?	Otobüs yolda duruyor mu?
Muss ich umsteigen?	Aktarmalı mı?
Wo ist der Fahrkartenschalter?	Bilet gişesi nerede?

Ich möchte eine einfache Fahrkarte.	Tek gidiş bileti istiyorum.
Ich möchte eine Rückfahrkarte.	Dönüş bileti istiyorum.
Ich möchte eine Hin- und Rückfahrkarte.	Gidiş dönüş bileti istiyorum.
Wo ist der Warteraum?	Bekleme salonu nerede?
Kann ich bitte einen Bus-/‚dolmuş'-/Zugfahrplan haben?	Otobüs/‚Dolmuş'/Tren tarifesi alabilir miyim lütfen?

Mit dem Flugzeug unterwegs Uçak yolculuğu

Können Sie mir sagen, wo die Information ist?	Danışma nerede acaba?
Dies ist mein Koffer/Gepäck.	Bu benim bavulum/bagajım.
Ich habe nur Handgepäck.	Sadece el bagajım var.
Darf ich einen Kofferanhänger haben?	Bagaj etiketi alabilir miyim lütfen?
Ich möchte einen Fensterplatz/Gangplatz.	Cam kenarında / koridor tarafında oturmak istiyorum.
Wie ist die Flugsteignummer?	(Uçak) Kapı numarası kaç?
Ist die Maschine pünktlich/verspätet?	Uçak vaktinde mi kalkıyor? / Uçak rötarlı mı?
Wo ist die Abflughalle?	Giden yolcu salonu nerede?
Wo sind die Gepäckwagen?	Bagaj arabaları nerede?
Gibt es einen Zubringerbus ins Stadtzentrum?	Şehir merkezine servis var mı?
Ich hätte gern einen Apfelsaft.	Bir elma suyu lütfen.

Haben Sie Zeitungen/Zeitschriften?	Gazeteleriniz/Dergileriniz var mı?
Ich möchte gern Parfüm kaufen.	Parfüm almak istiyorum.
Kann ich in Euro bezahlen?	Avro ile ödeme yapabilir miyim?
Könnte ich bitte ein Kissen haben?	Yastık alabilir miyim lütfen?
Der Sicherheitsgurt funktioniert nicht.	Emniyet kemeri bozuk.

Notfälle und Beschwerden Acil durumlar ve şikayetler

Könnten Sie mir bitte helfen?	Bana yardımcı olabilir misiniz lütfen?
Mein(e) Handtasche/Aktenkoffer wurde gestohlen.	El/Evrak çantam çalındı.
Ich muss die Polizei anrufen.	Polisi aramalıyım.
Ich muss einen Unfall melden.	Bir kaza bildirmeliyim.
Bitte rufen Sie einen Krankenwagen.	Lütfen ambulans çağırın.
Es ist dringend.	(Çok) Acil.
Es ist ein Notfall.	Acil durum.
Ich muss zur Deutschen/Schweizer/Österreichischen Botschaft.	Almanya/İsviçre/Avusturya Büyükelçiliğine gitmek zorundayım.
Wo ist das nächste Krankenhaus?	En yakın hastane nerede?
Ich brauche einen Arzt/Zahnarzt.	Doktora/Diş doktoruna ihtiyacım var.

Wo ist die nächste Apotheke?	En yakın eczane nerede?
Ich bin allergisch gegen …	… -(y)e/-(y)a karşı alerjim var.
Mir ist schwindlig/übel.	Başım dönüyor. / Midem bulanıyor.
Ich fühle mich nicht gut.	Kendimi iyi hissetmiyorum.
Ich habe (starke) Kopf-/Bauchschmerzen.	Başım/Karnım (çok) ağrıyor.
Ich habe Zahnschmerzen.	Dişim ağrıyor.
Ich habe eine Füllung verloren.	Dolgum düştü.
Ich habe Halsschmerzen.	Boğazım ağrıyor.
Es tut hier weh.	Burası ağrıyor.
Ich habe einen schrecklichen Husten.	Çok kötü öksürüyorum.
Ich habe Fieber.	Ateşim var.
Ich brauche Ohren-/Augentropfen.	Bana kulak/göz damlası lazım.
Ich brauche etwas gegen meine Erkältung.	Soğuk algınlığına karşı ilaç istiyorum.
Ich brauche ein Rezept.	Bana reçete lazım.
Ich brauche eine Quittung für meine Krankenversicherung.	Sağlık sigortam için makbuz alabilir miyim lütfen?

Begrüßen, sich vorstellen und verabschieden
Merhabalaşma, kendini tanıtma ve vedalaşma

Hallo! / Hi!	Merhaba!
Guten Tag!	İyi günler!
Guten Morgen!	Günaydın!
Guten Abend!	İyi akşamlar!
Darf ich mich vorstellen? Mein Name ist …	Kendimi tanıtayım. Adım …..
Ich möchte Ihnen/dir … vorstellen.	Sizi/Seni … ile tanıştırayım.
Das ist **Ayşe**.	Bu Ayşe.
Freut mich, Sie/dich kennenzulernen.	Tanıştığımıza memnun oldum.
Wie geht es Ihnen/dir?	Nasılsınız? / Nasılsın?
Mir geht es (sehr) gut, danke.	(Çok) İyiyim, teşekkür ederim.
Auf Wiedersehen!	Allah'a ısmarladık! *(sagt der Gehende)* / Güle güle! *(Gegengruß vom Bleibenden)*
Bis bald!	Görüşmek üzere!
Man sieht sich!	Görüşürüz!
Tschüss! / Mach's gut! / Machen Sie es gut!	Hoşça kal(ın)!
Bis später!	Sonra görüşmek üzere! / Sonra görüşürüz!
Bis morgen!	Yarın görüşmek üzere! / Yarın görüşürüz!

Gute Nacht!	İyi geceler!
Ich wünsche Ihnen/euch/dir viel Spaß!	(Size/Sana) İyi eğlenceler!
Ihnen auch! / Dir auch!	Size de! / Sana da!

Uhrzeiten, Daten, Zeitpunkte und Zeitdauer
Saatler, tarihler, zamanlar, süreler

Können Sie mir bitte sagen, wie spät es ist?	Saati öğrenebilir miyim lütfen? / Pardon, saat kaç acaba?
Es ist zwölf Uhr.	Saat on iki.
Es ist Viertel nach vier.	Saat dördü çeyrek geçiyor.
Es ist halb sechs.	Saat beş buçuk.
Es ist sechs Uhr früh.	Sabah saat altı.
Es ist acht Uhr abends.	Akşam saat sekiz.
Welches Datum ist heute?	Bugün ayın kaçı?
Der 21. April.	21 (yirmi bir) Nisan.
Heute haben wir den 21. des Monats.	Bugün ayın yirmi biri.
Wann kommen wir an?	Saat kaçta varırız / orada oluruz?
Morgen früh/Abend.	Yarın sabah/akşam.
Wann öffnen/schließen die Geschäfte?	Dükkanlar/Mağazalar saat kaçta açılıyor/kapanıyor?
Sie sind von … bis … geöffnet.	Dükkanlar/Mağazalar saat … -den/-dan … -(y)e/-(y)a kadar açık.
Wann fängt die Führung an?	Tur ne zaman başlıyor?

Wie lange dauert sie?	Ne kadar sürüyor?
Wie lange fährt man nach …?	…-(y)e/-(y)a ne kadar sürede gidiliyor?

Nach dem Preis fragen Fiyatı öğrenmek

Wie viel kostet es?	Bu ne kadar?
Wie viel / Was kostet das Buch?	Bu kitap ne kadar?
Wie viel / Was kosten diese Schuhe?	Bu ayakkabılar ne kadar?
Wie teuer waren die Karten?	Biletler ne kadardı?
Ist es kostenlos?	Bedava mı?
Gibt es eine Ermäßigung für Rentner/Kinder/Studierende?	Emeklilere/Çocuklara/Öğrencilere indirim var mı?
Wie teuer ist der Eintritt?	Giriş ne kadar?
Bieten Sie auch eine Gruppen-/Familienkarte an?	Grup/Aile biletleriniz de var mı?

Wünsche, Anliegen und um Hilfe bitten
Dilekler, istekler ve yardım isteme

Verzeihung, könnten Sie mir bitte helfen?	Affedersiniz, bana yardımcı olabilir misiniz lütfen?
Kann ich Sie etwas fragen?	Size bir şey sorabilir miyim?
Können Sie mir sagen, wie das funktioniert?	Bunun nasıl çalıştığını biliyor musunuz?
Ich würde mich gern umsehen.	Biraz bakınmak istiyorum.

Ich möchte gern einen Kaffee.	Bir (tane) kahve alabilir miyim lütfen?
Ich brauche zwei Karten.	İki (tane) bilet alabilir miyim lütfen?
Ich möchte gern nach Bursa fahren.	Bursa'ya gitmek istiyorum.
Könnten Sie mich (im Auto) mitnehmen?	Beni de (arabanızla) bırakabilir misiniz?

Hilfe anbieten Yardım teklif etmek

Ich helfe Ihnen/dir.	Size/Sana yardım edeyim.
Ich zeige es Ihnen/dir.	Size/Sana göstereyim.
Ich mache das für Sie.	Ben sizin için yapayım.
Ich begleite Sie/dich.	Size/Sana eşlik edeyim.
Ich rufe einen Arzt.	Doktor çağırayım.

Sich bedanken und Dank erwidern
Teşekkür etmek ve teşekküre karşılık vermek

Danke! / Dankeschön!	Teşekkür ederim! / Teşekkürler!
Vielen Dank!	Çok teşekkür ederim! / Çok teşekkürler!
Danke. Das ist sehr nett von Ihnen/dir!	Teşekkür ederim, çok naziksiniz/naziksin!
Keine Ursache! / (Schon) okay!	Bir şey değil! / Önemli değil!
Nicht der Rede wert!	Lafı bile olmaz! / Ne demek!
Gern geschehen!	Rica ederim!

Um Wiederholung bitten Tekrarlanmasını rica etmek

Verzeihung, ich verstehe (Sie) leider nicht.	Affedersiniz, (sizi) maalesef anlamıyorum.
Wie bitte?	Pardon? / Efendim?
Könnten Sie das bitte wiederholen?	Lütfen tekrarlayabilir misiniz?
Ich spreche leider nicht gut Türkisch.	Maalesef Türkçeyi iyi konuşamıyorum. / Türkçem ne yazık ki çok iyi değil.
Sprechen/Verstehen Sie Deutsch?	Almanca (konuşa) biliyor/anlıyor musunuz?
Könnten Sie bitte etwas langsamer sprechen?	Lütfen biraz daha yavaş konuşabilir misiniz?

Am Telefon Telefonda

Guten Tag, könnte ich bitte mit … sprechen?	İyi günler, … ile görüşebilir miyim lütfen?
Mein Name ist …	(Benim) Adım …
Bitte sagen Sie ihm/ihr, dass er/sie mich zurückrufen soll.	Lütfen beni aramasını söyler misiniz?
Es ist (sehr) dringend.	(Çok) Acil.
Meine Telefon-/Handynummer ist …	Telefon numaram … / Cep telefonu numaram …
Könnten Sie das bitte wiederholen?	Lütfen tekrar edebilir/tekrarlayabilir misiniz?
Kann ich eine Nachricht hinterlassen?	Mesaj bırakabilir miyim?

Sich entschuldigen und nicht helfen können
Özür dileme ve yardımcı olamama

Entschuldigung!	Özür dilerim! / Pardon! / Affedersiniz!
Es/Das tut mir wirklich leid!	Gerçekten çok üzgünüm!
Ich weiß es nicht genau.	Tam olarak bilmiyorum.
Ich weiß es leider nicht.	Maalesef bilmiyorum.
Ich kann Ihnen leider nicht helfen.	Size maalesef yardımcı olamayacağım.
Ich kann es Ihnen leider nicht sagen.	Maalesef bir şey diyemeyeceğim.
Ich bin leider nicht von hier.	Maalesef buralı değilim.

Sich beschweren Şikayet etmek

Es handelt sich um einen Irrtum.	Bu bir yanlış anlaşılma.
Ich möchte gerne mit dem Manager sprechen.	Yöneticiyle görüşmek istiyorum.
Die Rechnung stimmt nicht.	Hesap doğru değil. / Hesapta yanlışlık var.
Der Fernseher funktioniert leider nicht.	Maalesef televizyon çalışmıyor.
Der Automat ist leider defekt.	Maalesef otomat bozuk.

Persönliche Fragen Özel sorular

Wie heißen Sie / heißt du?	Adınız/Adın ne?
Woher kommen Sie?	Nerelisiniz?

Sind Sie aus der Türkei?	Türkiye'den misiniz?
Sind Sie Türke/Türkin?	Türk müsünüz?
Wo leben Sie?	Nerede yaşıyorsunuz?
Was machen Sie beruflich?	Ne iş yapıyorsunuz?
Wo genau wohnen Sie / wohnst du?	Tam olarak nerede oturuyorsunuz/oturuyorsun?
In der Nähe der Berge / des Meeres?	Dağlara/Denize yakın mı?
Leben Sie in einer Kleinstadt?	Kasabada mı yaşıyorsunuz?
Sind Sie zum ersten Mal hier?	Buraya ilk defa mı geliyorsunuz?
Gefällt es Ihnen hier?	Burayı beğendiniz mi?
Waren Sie letztes Jahr auch hier?	Geçen sene de burada mıydınız?
Meinen Sie, Sie werden (nächstes Jahr) wiederkommen?	(Seneye) Bir daha gelmeyi düşünüyor musunuz?
Lassen Sie uns in Kontakt bleiben.	İletişimi koparmayalım.
Können Sie mir Ihre E-Mail-Adresse / Telefonnummer geben?	Bana e-posta/e-mail adresinizi / telefon numaranızı verebilir misiniz?

Über sich sprechen Kendinden bahsetmek

Ich bin/heiße Anna.	Ben Anna. / Adım Anna.
Ich bin Deutsche(r)/Schweizer(in)/ Österreicher(in).	Almanım. / İsviçreliyim. / Austuryalıyım.
Ich bin / komme aus Deutschland/Österreich/ der Schweiz.	Almanya'dan/Avusturya'dan/ İsviçre'den geliyorum.

Ich bin verheiratet/ledig/geschieden.	Evliyim. / Bekarım. / Boşandım.
Ich bin geschieden/verwitwet.	Dulum.
Ich habe ein Kind / zwei Kinder.	Bir/İki tane çocuğum var.
Wir haben keine Kinder.	Çocuğumuz yok.
Ich lebe in einem Dorf.	Köyde yaşıyorum.
Ich wohne in einem Haus / einer Wohnung.	Evde/Dairede yaşıyorum.
Die Stadt ist nicht sehr groß.	Şehir çok büyük değil.
Sie liegt im Norden/Süden/Osten/Westen von Hamburg.	Hamburg'un kuzeyinde/güneyinde/doğusunda/batısında.
Ich bin Lehrer(in)/Ingenieur(in).	Öğretmenim. / Mühendisim.
Ich arbeite in einem Büro / zu Hause.	Büroda/Evde(n) çalışıyorum.
Ich spreche etwas Spanisch.	Biraz İspanyolca biliyorum.
Hier ist meine Adresse.	Bu benim adresim. / Adresim bu.
Ich habe keine E-Mail-Adresse.	E-posta/E-mail adresim yok.

Nach Interessen und Vorlieben fragen İlgi alanlarını öğrenmek

Was machen Sie in Ihrer Freizeit?	Boş zamanlarınızda neler yaparsınız?
Was würden Sie gern unternehmen?	Ne yapmak istersiniz?
Wandern/Radeln Sie gern?	Doğa yürüşü yapmayı / Bisiklete binmeyi sever misiniz?

Mögen Sie indisches Essen?	Hint yemeğini sever misniz?
Interessieren Sie sich für Galerien?	Galerilere ilgi duyar mısınız?

Über Vorlieben und Abneigungen sprechen
Hoşlanılan ve hoşlanılmayan ilgi alanlarından bahsetmek

Ich liebe es, mit dem Wohnwagen unterwegs zu sein.	Karavanla yolculuk yapmayı çok seviyorum.
Ich mag (keine) Klassik.	Klasik müzikten hoşlanıyorum (hoşlanmıyorum).
Ich gehe gern ins Kino.	Sinemaya gitmeyi seviyorum.
Ich bin passionierte(r) Theatergänger(in).	Tutkulu tiyatro izleyicisiyim.
Ich gehe (sehr) gern spazieren.	Yürüyüş yapmayı (çok) seviyorum.
Ich interessiere mich sehr für moderne Kunst.	Modern sanata çok ilgi duyuyorum.
Ich möchte gern die berühmten Gärten besichtigen.	Meşhur bahçeleri ziyaret etmek istiyorum.
Ich würde lieber die Tagestour machen.	Günlük turu yapmayı tercih ederim.
Ich möchte nicht ins Theater gehen.	Tiyatroya gitmek istemiyorum.
Ich interessiere mich nicht so sehr für Sport.	Spor ile çok ilgili değilim. / Spora pek ilgi duymuyorum.
Es tut mir leid, aber ich esse überhaupt keinen Fisch.	Kusura bakmayın, fakat (hiç) balık yemiyorum.

Angebote, Vorschläge und Reaktionen darauf
Teklifler, öneriler ve bunlara cevaplar

Kann ich Ihnen etwas zu trinken anbieten?	İçecek bir şeyler ikram edebilir miyim?
Ja, gern. / Nein, danke.	Evet, lütfen. / Hayır, teşekkür ederim.
Ich möchte Sie gern zum Mittagessen einladen.	Sizi öğle yemeğine davet etmek istiyorum.
Danke, das ist sehr freundlich von Ihnen.	Teşekkür ederim, çok naziksiniz.
Es tut mir leid, aber ich habe eine Verabredung.	Kusura bakmayın, fakat randevum var.
Möchten Sie gern einkaufen gehen?	Alışverişe gitmek ister misiniz?
Ich bin nicht sehr hungrig.	Çok aç değilim.
Wir könnten an den Strand gehen.	Sahile gidebiliriz.
Wollen wir uns einen Film ansehen?	Film izleyelim mi?
Gehen wir in eine Bar?	Bara gidelim mi?
Das hört sich sehr gut an.	Kulağa çok hoş geliyor.
Das ist eine gute Idee!	Bu iyi (bir) fikir!
Das wäre sehr schön.	(Bu) Çok güzel olur.
Ich kann leider nicht kommen/ mitgehen.	Ben maalesef gelemeyeceğim.

Gut zu wissen – Bilmekte yarar var

Häufigkeitsangaben Sıklık ifadeleri

einmal	bir kere	zehnmal	on kere
zweimal	iki kere	vierzehnmal	on dört kere
dreimal	üç kere	zweiundzwanzigmal	yirmi iki kere
viermal	dört kere	einhundertmal	yüz kere

Wie oft gehen Sie ins Kino?	Hangi sıklıkla sinemaya gidersiniz?
Ich gehe einmal in der Woche ins Kino.	Haftada bir kere sinemaya giderim.
Ich fahre zweimal im Jahr in den Urlaub.	Senede iki kere tatile giderim.
Ich spiele dreimal in der Woche Tennis.	Haftada üç kere tenis oynarım.
Ich lese einmal am Tag Zeitung.	Günde bir kere gazete okurum.

Wochentage Haftanın günleri

Montag	pazartesi	Freitag	cuma
Dienstag	salı	Samstag	cumartesi
Mittwoch	çarşamba	Sonntag	pazar
Donnerstag	perşembe		

kommenden Montag	gelecek/önümüzdeki pazartesi
am Montagmorgen	pazartesi sabahı
vergangenen Mittwoch	geçen çarşamba
ein freier Tag	boş gün
ein Feiertag	tatil günü / bayram
ein Arbeitstag	iş günü
jeden Tag	her gün
den ganzen Tag	bütün gün

Beachten Sie:
Wochentage werden kleingeschrieben: pazartesi

am Montag … / am Dienstag …	pazartesi günü … / salı günü …
Ich möchte von Montag bis Freitag bleiben.	Pazartesiden cumaya kadar kalmak istiyorum.
Der letzte Sonntag war wunderschön.	Geçen pazar çok güzeldi.
Ich werde nächsten Samstag abreisen.	Gelecek cumartesi yola çıkacağım.

Das Datum Tarih

03.09.2014 03 Eylül 2014	üç eylül iki bin on dört
am 12. September / am 3. November	on iki eylülde / üç kasımda
Welches Datum ist heute?	Bugün ayın kaçı?
Heute haben wir den 2. Januar.	Bugün iki ocak. / Bugün ocağın ikisi.
Wir reisen am 24. Juli ab.	Yirmi dört temmuzda yola çıkıyoruz. / Temmuzun yirmi dördünde yola çıkıyoruz.
Wir möchten bis zum 23. März bleiben.	Yirmi üç marta kadar kalmak istiyoruz. / Martın yirmi üçüne kadar kalmak istiyoruz.

Zeitbegriffe Zaman kavramları

Gegenwart	şimdiki zaman
heute	bugün
heute Morgen	bu sabah

heute Nachmittag	bugün öğleden sonra
heute Abend	bu akşam
heute Nacht	bu gece

Vergangenheit	**geçmiş zaman / geçmiş**
gestern	dün
gestern Morgen	dün sabah
gestern Nachmittag	dün öğleden sonra
gestern Abend	dün akşam
gestern / letzte Nacht	dün gece
vorgestern	evvelsi gün / önceki gün
vergangene Woche	geçen hafta
vergangenen Montag	geçen pazartesi
letztes Mal	geçen defa
vor einer Woche	bir hafta önce

Zukunft	**gelecek zaman / gelecek**
der Morgen	sabah
morgen	yarın
morgen früh / Nachmittag / Abend / Nacht	yarın sabah / öğleden sonra / akşam
übermorgen	öbür gün
nächste Woche	gelecek hafta
nächsten Mittwoch	gelecek çarşamba
nächstes Mal	bir dahaki sefer(e) / gelecek sefer(e)
gleichzeitig	aynı zamanda / eş zamanlı
nachts	geceleyin / geceleri
am Wochenende	hafta sonu

Vorgestern waren wir in Istanbul.	Evvelsi gün İstanbul'daydık.
Wir werden übermorgen abreisen.	Öbür gün yola çıkacağız.
Sie waren vor sechs Monaten dort.	Altı ay önce oradalardı.

Die Uhrzeit Saat

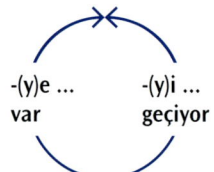

eine Sekunde	bir saniye
eine Minute	bir dakkika
eine Stunde	bir saat

-(y)e ... var
-(y)i ... geçiyor

Um sieben Uhr.	(Saat) Yedide.
Um halb sieben.	(Saat) Altı buçukta.
Um Viertel vor sieben.	Yediye çeyrek kala.
Um Viertel nach sieben.	Yediyi çeyrek geçe.
Um zehn nach sieben.	Yediyi on geçe.
Um zwölf Minuten nach sieben.	Yediyi on iki (dakika) geçe.
In einer Dreiviertelstunde.	Kırk beş dakika sonra.
In fünf Minuten und drei Sekunden.	Beş dakika ve üç saniye sonra.

Der Flug geht um 19.45 Uhr.	Uçak 19.45'te (on dokuz kırk beşte) kalkıyor.
Wie viel Uhr / Wie spät ist es?	Saat kaç?
Es ist 2.00 Uhr morgens.	Saat sabahın ikisi.
Es ist 15.00 Uhr / drei Uhr nachmittags.	Saat öğleden sonra üç.
Die Vorstellung beginnt um 19.45.	Gösteri 19.45'te (on dokuz kırk beşte) başlıyor.
Die Bank hat von 9.00 bis 18.00 Uhr geöffnet.	Banka dokuzdan on sekize kadar açık.